Kessy Frenzel

Karli Kummerkralle

Teil 1: Wie alles begann ...

Impressum
© edition keiper, Graz 2020
1. Auflage Dezember 2020
© Sämtliche Illustrationen: Kessy Frenzel (Ideen und Skizzen), Manas Dash (Ausführung)
Layout & Satz: textzentrum graz
Druck und Bindung: Generál Druckerei Gmbh
ISBN: 978-3-903322-21-9

Vorwort

Karli Kummerkralle – wie alles begann, ein Kinderbuch, das Mut macht, Trost spendet und uns alle ein wenig daran erinnert, wie wichtig respektvoller Umgang miteinander ist und was passieren kann, wenn wir das nicht tun.
Ein Buch, welches uns vor Augen führt, dass Ungerechtigkeiten, Egoismus und Neid zum Leben dazugehören. Dieses Buch zeigt uns, dass wir es zum Teil selbst in der Hand haben, dies zu ändern. Karli steht für ein respektvolles Miteinander, für Vergebung und den Glauben an das Gute in jedem Lebewesen.

Karli wird zum Superkarli, der allein durch ein Superheldenkostüm seine innere Stärke findet und unerschütterlich daran glaubt, alles zu schaffen und für andere einzustehen, ganz gleich, was in der Vergangenheit passiert ist. Und das alles ohne Zauberei und Magie.
Karlis Superkraft steckt in jedem von uns. Wir müssen sie nur finden.

Auch wenn Karli im ersten Buch ein paar Tränen vergießen muss, so darf ich versprechen, dass am Ende alles gut wird. Und dass auch aus traurigen Begegnungen in den folgenden Büchern wertvolle Freundschaften entstehen und aus dem Gegeneinander ein Miteinander und Füreinander wird.

Liebe Eltern,
nehmt euch bitte Zeit, um die Bilder mit euren Kindern anzuschauen und lasst euch leiten von den kleinen Leserinnen und Lesern, die euch dazu sicher einiges erzählen werden, was sie selbst erlebt haben.
Bereits kleine Kinder ab 2 Jahren können die Bilder auch ohne den Text verstehen.
Seid gespannt, welche Erfahrungen und Erlebnisse die Kinder euch aus ihrer kleinen Welt preisgeben werden und wie Karli das Miteinander im Alltag beeinflussen wird.

Auf ein wunderbares Abenteuer mit Karli Kummerkralle und ein respektvolles Miteinander!

Mit den herzlichsten Grüßen und einem liebevollen Miau,

eure Kessy Frenzel mit Karli Kummerkralle

Karli Kummerkralle, so wird er genannt,
Er ist euch bestimmt noch nicht bekannt.
Schauen wir uns den Karli genauer an:
Wie schaut er aus? Was ist an ihm dran?
Der Karli ist ein Kater, eine liebenswerte Katze,
Hat links und rechts 'ne große Tatze.
An jeder Pfote, da hat er drei Krallen,
An seinen Streifen findet er großen Gefallen.

Einen kugelrunden Bauch
Und zwei Zähne hat er auch.

In seinem Schwanz ist am Ende ein Knoten,
Den zu öffnen, das ist verboten.
Ein großes Herz sitzt am rechten Fleck,
So hat er viel Liebe stets im Gepäck.

„Wie ist es passiert", ihn ein jeder fragt,
„Dass ein Pflaster ganz groß über'm Auge ragt?"

An einem Herbsttag lag Karli voll Wonne
Am Fuß eines Baums in der warmen Sonne.
Ein Eichhörnchen rief: „Das ist mein Baum, hau ab!"
Und warf sogleich Eicheln auf Karli herab.

Eine Eichel traf ihn an seiner Stirn,
Der Kopf tat weh und auch das Hirn.
Der Schmerz hielt an und Karli blieb sitzen,
Auf einmal fing es an, am Himmel zu blitzen.
Und plötzlich kam aus dem Nichts ein Wesen,
Klein, mit Hut und einem Besen.

Es sprach: „Ich bin eine Hexe und wohne im Wald,
Ich spüre, du brauchst mich, ich mach' bei dir halt.
Eicheln wurden geworfen auf dich herab,
Nah' am Auge vorbei, das war ganz schön knapp.
Eine große Beule ragt jetzt auf deinem Kopf,
Das schmerzt bestimmt, du armer Tropf.
Dem Eichhörnchen wird sicher irgendwann klar,
Wie gemein es heute zu dir war.
Und dass man mehr hat, wenn man teilt
Und nicht nur den eigenen Wünschen nacheilt.

Ein Pflaster wird helfen, dass die Beule kann heilen,
Und es wird für immer auf deiner Stirn verweilen.
Weil nicht jeder kann sehen, was du erlebt,
Das Pflaster zur Erinnerung auf dir klebt."

Der Karli, der war ziemlich verwirrt,
Und sah, wie die Hexe von dannen schwirrt'.
Sie winkte ihm zu und rief „Ade!"
Und die Beule tat nun auch nicht mehr so weh.

Das eine Pflaster an seinem Po,
Also wisst ihr, Kinder, das war so:

Der Karli hockte zwischen Blumen und Klee
Im grünen Gras ganz entspannt am See.

Da kamen ein paar Menschen und brachten Brot,
Sie dachten, die Enten seien in Hungersnot.

Doch Brot ist für Enten nicht gesund
Karli wollte erklären den Grund.
Aber den Enten war das einerlei.
Plötzlich war es mit der Ruh vorbei.

Die Enten ärgerten sich über Karli sehr
Und jagten wütend hinter ihm her.
Sie wollten das Brot für sich alleine haben
Und nicht den Kater auch noch laben.
Eine Ente zwickte ihm fest in den Po,
Und jetzt tut es weh, geht er aufs Klo.

Und wie der Karli ganz traurig am Seeufer sitzt,
Es plötzlich wieder am Himmel blitzt.
Und aus dem Nichts kam wieder das Wesen,
klein, mit Hut und einem Besen.
Es sprach: „Ich bin es wieder, die Hexe vom Wald,
Ich spüre, du brauchst mich, ich mach' bei dir halt.
Du hast es gut gemeint mit den Enten,
Drum wird sich alles zum Guten wenden.
Missgunst und Neid sind schlimme Eigenschaften,
Doch jetzt musst du erst den Schmerz verkraften.

Auf die Stelle, wo dich die Ente gezwickt,
Hab' ich dir als Trost ein Pflaster gepickt.
So, lieber Karli, ich muss weiterfliegen,
Und du lass' dich ja nicht unterkriegen."

Der Karli, der war ziemlich verwirrt,
Und sah, wie die Hexe von dannen schwirrt'.
Sie winkte ihm zu und rief „Ade!"
Und der Biss tat nun auch nicht mehr so weh.

Und jetzt erzähl' ich euch, wie es kam,
Zu dem Pflaster an seinem rechten Arm.
Am Waldrand, an einem kalten Tag,
Karli warm auf dem Heuhaufen lag.
Da kam eine Maus aus dem Heu hervor,
Und schaute verärgert zu Karli empor.
„Was machst du da, was machst du hier?
Der Heuhaufen gehört alleine mir.

So mach' dich davon so schnell es geht,
Weil sonst ein anderer Wind hier weht.
Mein Heuhaufen hält alleine mich hier warm."
Dann pikste sie Karli mit 'nem Stock in den Arm.

Schon wieder ein Tier, das gemein zu ihm war,
Aber warum? Das war Karli nicht wirklich klar.

Groß waren die Schmerzen vom Mäuse-Piksen,
Und wieder begann es am Himmel zu blitzen.
Plötzlich kam aus dem Nichts ein Wesen,
klein, mit Hut und einem Besen.

Es sprach: „Ich bin es wieder, die Hexe vom Wald,
Ich spüre, du brauchst mich, ich mach' bei dir halt.
Ach, lieber Karli, sei dir bewusst,
Die Maus hat es einfach nicht besser gewusst.
Du hast ganz bestimmt nichts falsch gemacht,
Die Maus war egoistisch, nur auf sich bedacht.
Im Heu war genug Platz für euch zwei,
Ganz unnötig war diese Streiterei.
Doch irgendwann wird sie schlauer sein,
Und den Streit mit dir dann bitter bereu'n.

Ein Pflaster am Arm wird helfen beim Heilen,
Und immer als Erinnerung dort verweilen.
Nun such' dir schnell ein Plätzchen im Wald,
Denn diese Nacht wird bitterkalt."

Der Karli, der war ziemlich verwirrt,
Und sah, wie die Hexe von dannen schwirrt'.
Sie winkte ihm zu und rief „Ade!"
Und der Pikser tat nun auch nicht mehr so weh.

Das vierte Pflaster an seinem linken Bein,
Sollt' auch keine schöne Geschichte sein.

An einem Frühlingstag, regnerisch, aber lau,
Suchte Karli Unterschlupf bei einem Bau.
Der Hase war davon nicht sehr erfreut,
Und Karli hat es sogleich bereut.

„Was machst du hier vor meinem Heim,
So kommt keine frische Luft herein.
Also mach' dich weg von meiner Tür,
Sonst zeig' ich es so richtig dir!"
Der Hase schaute Karli böse an,
Und trat mit beiden Hinterpfoten voran.
Oje, das gab einen blauen Fleck,
Und Karli rannte ganz schnell weg.
Blieb traurig allein im Regen sitzen,
Bis es anfing, am Himmel zu blitzen.

Und aus dem Nichts kam das ersehnte Wesen,
klein, mit Hut und einem Besen.
Es sprach: „Ich bin es wieder, die Hexe vom Wald,
Ich spüre, du brauchst mich, ich mach' bei dir halt.
Oh Karli, der Hase musste wohl nie im Nassen sein,
Im Trockenen sitzen, ja das ist fein.
Doch jemandem helfen, der Hilfe braucht,
Hat ihm wohl noch niemand in die langen Ohren gehaucht.
Auch er wird eines Tages erkennen,
Wie wichtig es ist, jemanden ›Freund‹ zu nennen.

Ein Pflaster am Bein wird helfen beim Heilen,
Und immer als Erinnerung dort verweilen.
Nun ab mit dir, dort unter dem Baum
Kannst du trocken dem Regen zuschau'n."

Der Karli, der war ziemlich verwirrt,
Und sah, wie die Hexe von dannen schwirrt'.
Sie winkte ihm zu und rief „Ade!"
Und der Tritt tat nun auch nicht mehr so weh.

Und nun zum Pflaster über Karlis Herz,
Das war ein besonders großer Schmerz.
Eine eitle Eule bestaunte ihr Gefieder,
Der Anblick von Karli war ihr zuwider.

Sie sagte zu ihm, ganz famos:
„Du bist zu dick und viel zu groß.
Hast in deinem Schwanz einen Knoten,
Sag' mal – gehört sowas nicht verboten?
Du bist nicht wie die anderen Katzen,
Hast komische Krallen an deinen Tatzen.

Als Bauchnabel hast du einen Knopf,
Und überhaupt, ganz rund ist dein Kopf.
Hier und da ein paar Pflaster dabei,
Und Zähne zähl' ich auch nur zwei.
Bist allgemein nicht sehr hübsch anzuseh'n,
Willst du nicht lieber woanders hingeh'n?"

Das traf den Karli ziemlich hart,
Dass die Eule nicht mit Gemeinheiten spart.
Traurig saß er auf einem Stein,
Dachte: „Das ist nicht fair, das war gemein.
Ja, ich bin anders als die anderen Katzen alle,
Aber so bin ich nun mal, Karli Kummerkralle."
Der Kummer kam und ließ ihn traurig sitzen,
Da fing es wieder an am Himmel zu blitzen.

Und plötzlich kam aus dem Nichts ein Wesen,
klein, mit Hut und einem Besen.

Es sprach: „Ich bin es wieder, die Hexe vom Wald,
Ich spüre, du brauchst mich, ich mach' bei dir halt.
Ich hörte, was die Eule sprach
Und spürte, wie auch mein Herz zerbrach.

Doch höre: Genau wie du bist, bist du toll,
Vergiss das Geschwätz, was auch immer das soll.
Dein Leben lang werden dir Lebewesen begegnen,
Die es nicht gut mit dir meinen, auf all' deinen Wegen.

Auch ich wurde geärgert bei Tag und bei Nacht,
Ich sei eine hässliche Hexe und hätt' keine Macht.
Zudem seien Hexen in jeder Geschichte
Die Bösen – doch wir sind keine Bösewichte!

Doch auch wenn sie schwer war, diese Zeit,
Sie hat mich gebracht sehr weit, wirklich weit.
Als Hexe werd' ich sehr bewundert im Land,
Ich werd' respektiert und überall erkannt.
Man muss manchmal kämpfen für das, was man will,
Aber es lohnt sich, die Gemeinheiten werden still.

Vertrau' stets auf dich und deine Kraft,
Hast es ja schon weit geschafft:
Du bist besonders, und ohne Scherz,
Du hast ein wunderbares, großes Herz.
Lass mich dir helfen und das Herz zusticken,
Und es, als Erinnerung, mit einem Pflaster verpicken.

Ein Umhang macht noch keine Helden allein,
Doch einen zu haben ist trotzdem ganz fein.
Ich schenke dir, Karli, Umhang und Brille.
Ein Superheld wirst du in dieser Hülle.

Du bist ein Superheld ab heute,
Drum sei ein Vorbild für die Leute.
Handle immer mit Bedacht,
Und gib auf dich und and're acht.
Der Umhang wird dir Anerkennung bringen,
Man wird ein Loblied auf dich singen.
Ohne zu wissen, wer unter dem Umhang steckt,
Und wessen Gesicht die Brille verdeckt.

Hör' in dich hinein:
Du kannst alles sein!

Manchmal wissen wir erst, wofür wir bestimmt,
Wenn alles ein gutes Ende nimmt.
Nun bist du eine Superhelden-Gestalt,
Mach's gut, lieber Karli, und bis bald."

Da stand er nun, der Kater mit zwei Leben,
Ein ganz normales und eines als Superheld eben.

Ach, wie gut uns das gefällt:
Karli Kummerkralle, der Superheld!
Viele Abenteuer nun auf ihn warten,
Die schon im nächsten Büchlein starten.

Das war also die erste Geschichte von Karli Kummerkralle.
Der arme Karli hatte es wirklich nicht immer leicht.
Manches, was ihm passiert ist, kennt ihr vielleicht auch.
Aber am Ende ist alles gut ausgegangen. Dank der guten
Hexe, die immer ein paar liebe Worte und Pflaster dabeihatte.

Im nächsten Abenteuer begegnet Karli sämtlichen Tieren aus dem Wald wieder. Sie alle befinden sich in Not. Ob Karli ihnen helfen kann? Seid gespannt!

Teil 2: „Karli Kummerkralle als Superkarli"
Link zur Bestellung:
superkarli.editionkeiper.at

Bis ihr das nächste Karli-Abenteuer in den Händen haltet, könnt ihr Karli auf der Webseite **www.karlikummerkralle.com** besuchen!

Und denkt immer daran, wie wichtig es ist, achtsam und respektvoll miteinander umzugehen, um niemanden zu verletzen.

Bis ganz bald,
eure Kessy und euer Karli